GIORNO FATALE

ora fatale

Giuseppe Nalli

Titolo | Giorno fatale. Ora fatale
Autore | Giuseppe Nalli
ISBN | 978-88-93219-22-8

II edizione

Youcanprint Self-Publishing
Via Roma, 73 - 73039 Tricase (LE) - Italy
www.youcanprint.it
info@youcanprint.it
Facebook: facebook.com/youcanprint.it
Twitter: twitter.com/youcanprintit

GIUSTIFICARE L'INGIUSTIFICABILE

Nel cielo di marzo, da Orione a Cassiopea passando per Auriga. Respirare polvere stellare evitando detriti di comete. Allineare su un identico segmento congruente spazio e tempo. E ancora: allineare su un identico segmento congruente spazio, tempo, discese rovinose e impennate repentine.

Mi ripeto da tempo che questo affare può riguardare soltanto qualche visionario rimasto ancora in circolazione e sfuggito inconsapevolmente ad un serio programma di riabilitazione dei servizi sociali.

Ma se una prevista eclissi di sole, un improvviso allineamento dei pianeti o delle galassie, se l'esplosione di una supernova o il rischio di un risucchio di una parte dell'umanità in un buco nero, risvegliassero un pur minimo interesse, allora possiamo tentare di rimandare tranquillamente la trattazione di tali speculazioni al prossimo passaggio della cometa di Halley. Il tempo matematico forse non c'è, ma la speranza che qualche evento possa variarne l'orbita permettendole di ripresentarsi in anticipo, non m'abbandona.

Benvenuti a bordo per questo improbabile viaggio nell'essenza dell'attimo che, suo malgrado, genera l'irripetibile esperienza della parola germinata nello spazio-tempo critico per effetto stesso dell'indicibile.

E' appena il caso di affermare che l'irriproducibilità di un'azione sta ai numeri come un fremito sta al cuore. Assopirsi sui blocchi di partenza in attesa degli eventi non è stato per niente agevole. Il tempo sfugge di mano incredibilmente e quando per una volta pensi di averlo imbrogliato con uno stratagemma segreto, ti rendi conto di aver bruciato l'ultima possibilità di salvezza.

Come una malattia virale i giorni si sono moltiplicati. Come una malattia virale le ore hanno generato colonie di minuti. Come una malattia virale non sono riuscito a guarire finché quel qualcosa che m'aveva invaso non ha deciso di scemare autonomamente. Solo al cinquantesimo giorno la febbre mi ha concesso una tregua. Ho sulle labbra il sapore della guarigione e sono sereno ma non riesco a goderne.

So anche, però, che un nuovo "Giorno fatale" rischia l'agguato di una nuova "ora fatale". So con certezza che, se solo si sfiorassero, per me potrebbero riprendere le inquietudini.

Finalmente sotto questo cielo di marzo ho preso coscienza che alcuni ricordi non mi abbandoneranno "mai". Respirerò "per sempre" senz'altra velleità nel cuore,. E questo mi pare già abbastanza…

Ceprano 20/3/'15 ore 9,30
Eclissi di sole in attesa dell'equinozio di primavera

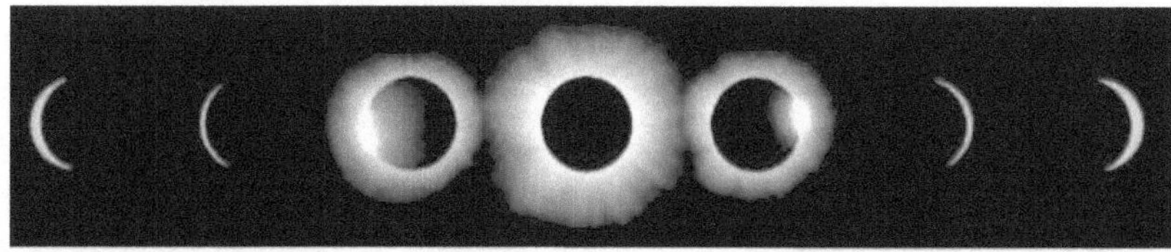

Serenissimo Gran Duca,
la differenza che è tra gli uomini e gli altri animali, per grandissima che
ella sia, chi dicesse poter darsi poco dissimile tra gli stessi uomini, forse non
parlerebbe fuor di ragione. Qual proporzione ha da uno a mille? E pure è
proverbio vulgato, che un solo uomo vaglia per mille, dove mille non va-
gliano per un solo. Tal differenza depende dalle abilità diverse degl'intel-
letti, il che io riduco all'essere o non esser filosofo: poiché la filosofia, come
alimento proprio di quelli, chi può nutrirsene, il separa in effetto dal co-
mune esser del volgo, in più e men degno grado, come che sia vario tal nu-
trimento. Chi mira piú alto, si differenzia piú altamente; e 'l volgersi al gran
libro della natura, che è 'l proprio oggetto della filosofia, è il modo per alzar
gli occhi: nel qual libro, benché tutto quel che si legge, come fattura d'Ar-
tefice onnipotente, sia per ciò proporzionatissimo, quello nientedimeno è
piú spedito e piú degno, ove maggiore, al nostro vedere, apparisce l'opera
e l'artifizio. La costituzione dell'universo, tra i naturali apprensibili, per mio
credere, può mettersi nel primo luogo: che se quella, come universal con-
tenente, in grandezza tutt'altri avanza, come regola e mantenimento di tutto
debbe anche avanzarli di nobiltà. Però, se a niuno toccò mai in eccesso dif-
ferenziarsi nell'intelletto sopra gli altri uomini, Tolomeo e 'l Copernico
furon quelli che sí altamente lessero s'affisarono e filosofarono nella mon-
dana costituzione. Intorno all'opere de i quali rigirandosi principalmente
questi miei Dialoghi, non pareva doversi quei dedicare ad altri che a Vostra
Altezza; perché posandosi la lor dottrina su questi due, ch'io stimo i mag-
giori ingegni che in simili speculazioni ci abbian lasciate loro opere, per
non far discapito di maggioranza, conveniva appoggiarli al favore di Quello
appo di me il maggiore, onde possan ricevere e gloria e patrocinio. E se
quei due hanno dato tanto lume al mio intendere, che questa mia opera può
dirsi loro in gran parte, ben potrà anche dirsi di Vostr'Altezza, per la cui li-
beral magnificenza non solo mi s'è dato ozio e quiete da potere scrivere, ma
per mezo di suo efficace aiuto, non mai stancatosi in onorarmi, s'è in ultimo
data in luce. Accettila dunque l'Altezza Vostra con la sua solita benignità;
e se ci troverrà cosa alcuna onde gli amatori del vero possan trar frutto di
maggior cognizione e di giovamento, riconoscala come propria di sé me-
desima, avvezza tanto a giovare, che però nel suo felice dominio non ha
niuno che dell'universali angustie, che son nel mondo, ne senta alcuna che
lo disturbi. Con che pregandole prosperità, per crescer sempre in questa
sua pia e magnanima usanza, le fo umilissima reverenza.
Dell'Altezza Vostra Serenissima
Umilissimo e devotissimo servo e vassallo

GALILEO GALILEI
(Dialogo sopra i due massimi sistemi. 1632)

EQUINOZIO DEL CUORE
(Dialogo sopra un minimo sistema)

E che t'aspettavi dopo aver pronunciato:
"Dipendo troppo da te".

Sono state proprio queste parole
che hanno fatto suonare a morto le campane.

Dimmi, che t'aspettavi dopo aver pronunciato:
"Devo staccarmi da te".

Sono state proprio queste parole
che hanno fatto suonare a morto le campane.

E quando ho chiesto:
"Ma sei certa?
Sei sicura di quello che dici?"
Hai risposto:
"Sì, con te ho sofferto troppo!".

Proprio un attimo dopo
le campane hanno smesso i rintocchi.

E proprio un attimo dopo
è iniziato l'equinozio del cuore.

Giuseppe Nalli

Ceprano 20/3/2015 ore 23,45
Equinozio di primavera

GIORNO FATALE
ora fatale

Sdrucciolano le lancette sul quadrante
e infilzano le cangianti stagioni.

Si sfanno e si sfaldano i secondi
sui crucciati minuti.

L'ora si rincorre inerpicandosi
sullo slargo borbottio del vento
che s'impaluda nella fretta del giorno.

Dissotterro e snellisco
le contorsioni dei pensieri
ma più in là si srotola
nuovamente la sera
a ricordarmi della vana esistenza.

Un leggerissimo
-quasi impercettibile-
giro sulla minuscola rotellina
e tutto torna alle origini:
a prima di essere ciò che saremo.

Ceprano 10/10/'10 ore 10,10
temperatura 10° C.
altitudine 10 metri s.l.m.
sorseggiando un vino di 10° alcolici

GIORNO FATALE
ora fatale
II

Resta incagliato ad un indeciso sospiro
il gesto che dallo sguardo sarebbe nato.

Troppo tardi per essere definito,
troppo presto per essere definito.

Resti di bottiglie
in memoria di ore
subito dimenticate
dopo il count-down.

E pestare polvere pirica
annusando zolfo in ogni dove.

E' questo l'augurio del neonato.

Ceprano 1/1/'11 ore 1,1

GIORNO FATALE
ora fatale
III

Palpebre che battono
quando lo sguardo duole.

Guardo e riguardo,
vedo e stravedo
come non mai
in tutte le vite precedenti.

Capovolgo la clessidra
e la sabbia riparte
dal primissimo granello.

Tutti gli altri appresso
a soffocarne la malcelata solitudine.

Il passaggio è stretto ma efficace
per una fluida caduta in basso.

Una volta
e un'altra ancora
fino al prossimo ticchettio.

Ceprano 11/1/'11 ore 1,11

GIORNO FATALE
ora fatale
IV

Ma quale palindromo e palindromo
questa è una corsa convulsa
e fa talmente male
scoprire come sale
ma non sale marino
né scende boschivo
se per marino s'intende 'di mare'
e per boschivo s'intende 'di bosco'.

Se salgo sulla scala
intendo la scala mobile
e non la Scala teatro di Milano.

Perciò quale palindromo e palindromo
questa è una corsa convulsa
che fa talmente male
ma male per davvero.

Ceprano 11/11/'11 ore 11,11

GIORNO FATALE
ora fatale
V

Linea sottile
di un imperfetto zenith
cade a perpendicolo
sullo sdrucciolio della neve
a scampoli caduta.

Ed è un imperterrito gocciolio
senza tregua
per giorni e notti
e notti e giorni,
fino a saziarcene.

Ceprano 21.2.'12 ore 12,21

GIORNO FATALE
ora fatale
VI

Tamburellando
con le dita sul tavolo
pazientemente aspetto.

Non tanto pazientemente direi
considerato il ritmo incessante.

Ma, comunque, aspetto…

I nove giorni che ci separano
rappresentano ormai soltanto un dettaglio.

E il tambureggiare
-più del temporeggiare-
denota, se non altro, nervosismo.

Altro che pazienza!

Ceprano 12/12/'12 ore 12,12

GIORNO FATALE
ora fatale
VII

Al di là
dei catastrofismi
domani ci sarà
l'inizio del mondo.

Ancora una volta
i numeri in colonna
giungono a mostrarci
la bellezza e l'armonia.

Mi avvolge e mi rapisce
questa specie di espressione.

E ora le 'parole'
sono davvero 'di vapore'.

Ceprano 20/12/'12 ore 20,12

GIORNO FATALE
ora fatale
VIII

Mi inginocchio
sulla vanità delle risposte
mai date dal cuore.

La domanda
è nella forma
delle foglie
e nel loro vibrare
al vento.

Ceprano 13/1/'13 ore 13,13

GIORNO FATALE
ora fatale
IX

Un granello sfuggito
dalla clessidra
blocca la rotellina
dell'ingranaggio.

Ceprano 13/2/'13 ore 13,2

GIORNO FATALE
ora fatale
X

E' una rincorsa
desiderata solo una volta
ma per tre volte rincorsa.

E' un tridente spuntato
per affrontare le occasioni
che il caso sorteggia
per il resto dei giorni.

Ceprano 31/1/'13 ore 1,13

GIORNO FATALE
ora fatale
XI

Appeso al muro
il quadrante riflette
la solitudine
della seconda ora.

Tredici non bastano.

Tredici sono sufficienti.

Deciditi!

Ceprano 31/2/'13 ore 2,13

GIORNO FATALE
ora fatale
XII

Cammino sapendo che
incontrare resistenze
nel rigore delle parole
zittisce per sempre
improbabili possibilità
all'ombra delle certezze

…inizio con dei puntini
-da qualche giorno in qua, chissà perché, mi vengono bene-
ma queste parole dalla pioggia
sorprendono un po' anche me.

Io scrivo parole di acqua
mentre tu questa notte
dormi e sogni distante.

…sono sassi nello stagno
questi puntini in sospensione
che tu conosci bene
e dovrebbero aiutarmi
a non cadere mentre passo
da una riva all'altra.

Ricordi o hai già dimenticato?

Ricorda che la memoria inganna!

Io scrivo parole di acqua
mentre tu questa notte
dormi e sogni distante.

Questo mi rattrista
ma è il gioco delle parti
e so che (non) c'è rimedio.

Frosinone 13/3/'13 ore 3,13

GIORNO FATALE
ora fatale
XIII

Le lancette già corrono
in avanti all'impazzata
ed io fatico a rincorrerle
-gli anni cominciano a sentirsi-

Non ce la faccio
-ce la posso fare-
a tenere il passo.

Adesso sono solo
-fino a quando?-
a riorganizzare l'idea di te.

Aiutami, ti prego!!!

Ceprano 31/3/'13 ore 3,31

GIORNO FATALE
ora fatale
XIV

L'utero che mi generò
è un fiore avvizzito
nel deserto dei giorni.

L'utero che mi generò
è cenere nel vento.

E' sabbia e sestante,
grandine e arcobaleno,
risacca e salsedine.

L'utero che mi generò
è una dalia intrecciata
con sillabe scalcinate.

L'utero che mi generò
è un lessico claudicante.

L'utero che mi generò
è solo un inciampo
dell'occasione
che non c'è mai stata.

Ceprano 13/4/'13 ore 4,13

GIORNO FATALE
ora fatale
XV

Da stamattina all'alba
trascorro il mio tempo
spostando in avanti
tutte le lancette degli orologi.

Non ci crederete
ma io ci sto bene.

Ci sto bene davvero.

Ceprano 13/5/'13 ore 05,13

GIORNO FATALE
ora fatale
XVI
(edizione straordinaria per il mio 55° compleanno)

**Cammino sapendo che
incontrare resistenze
nel rigore delle parole
zittisce per sempre
improbabili possibilità
all'ombra delle certezze**

Dove il vento accarezza la pelle
incontrerò finalmente la quiete e
cavalcherò i pensieri ribelli
indossando un nuovo sorriso.
ora e solo ora -mai più come allora-
terrò sempre a mente la sublime stanza
trattenendo inchiodati tra i ricordi
oltraggio come lacrime e sangue come piacere.

Ceprano 18/5/'13   ore 18,18

GIORNO FATALE
ora fatale
XVII

Ho finalmente capito
che stavo imparando
ad ascoltare quando,
durante la visione di un film,
ho sentito pronunciare
da un attrice la frase:
"Sto parlando con la mia vita".

Non lo nascondo:
sono rimasto sorpreso, spiazzato
ed ho cambiato canale.

Mi piace pensare
che l'altro abbia risposto:
"E la mia vita mi ascolta?".

Se è andata davvero così
non lo saprò mai!

Ceprano 31/5/'13 ore 5,13

GIORNO FATALE
ora fatale
XVIII

E' diventato giorno
troppo presto.

Troppo presto
anche per chi
tenta di accalappiare
la notte
senza pensarci troppo.

Frosinone 13/6/'13 ore 6,13

GIORNO FATALE
ora fatale
XIX
(edizione straordinaria per un 51° compleanno)

Zenith o nadir
è ancora
da stabilire.

Ma siamo ancora qui
e conteremo
le stelle
in questa breve notte.

Ceprano 21/6/'13   ore 13,6

GIORNO FATALE
ora fatale
XX

Alle spalle,
in dissolvenza,
i migliori giorni.

Qualcosa spinge
per farmi correre in avanti
e non voltarmi.

Sodoma e Gomorra
sono ormai distrutte
ed io moderno Lot
non perderò nuovamente
la mia amata:
stavolta le consiglierò
di guardare nei miei occhi.

Ceprano 13/7/'13 ore 13,7

GIORNO FATALE
ora fatale
XXI

Chilometri alle spalle
e ore incollate all'asfalto
come i pensieri dissolti dall'afa.

Ci sei ancora…
Ci sei ancora…

Sei il volo radente al tramonto
da una riva all'altra.

Ci sei ancora e sei l'àncora
lasciata in ricordo
sulla riva del lago
a Seeboden.

Ceprano 31/7/'13 ore 7,13

GIORNO FATALE
ora fatale
XXII

Il cuore è in frantumi,
tutto è in frantumi.

Macerie e solo macerie
nella calura che liquefa i pensieri.

Ettari di bosco
vanamente distrutti
attorno alle città deserte.

Solo cani randagi
nelle strade e all'ombra dei campanili
sospettosamente silenziosi.

Nella controra smerigliata
dai raggi a perpendicolo
tento di ricomporre
i cocci dell'esistenza.

Frosinone 13/8/'13 ore 13,8

GIORNO FATALE
ora fatale
XXIII

Penso ancora ai fogli
strappati nella pattumiera.

Povere parole
a combattere da sole
nella discarica dei pensieri.

Se così in fretta
sono state gettate
non dovevano essere poi così importanti!

Ancora penso a quei fogli,
non riesco a non pensarci:
è più forte di me.

Anche l'orologio
si è fermato a quell'ora
e non riesco a riavviarlo.

Ci provo da giorni
ma non riesco;
deve essersi guastato qualche elemento,
oppure può esserci
un semplice granello di polvere nell'ingranaggio.

Intanto, però,
le lancette non vanno.

E' proprio vero
che i buoni orologiai
non ci sono più
ed io devo arrendermi all'evidenza.

Ceprano 31/8/'13 ore 8,13

GIORNO FATALE
ora fatale
XXIV

La donna di cuori
delle carte da gioco
ha un'espressione triste.

La donna di cuori
delle carte da gioco
ora sa che la partita
si può vincere o si può perdere
e comunque si può chiudere.

Io mischio e rimischio le carte
per un numero imprecisato di volte
ma ho difficoltà a separare
la donna di cuori dal re.

La donna di cuori
delle carte da gioco
ora sa che ha perso
la partita più importante:
per questo ha un'espressione triste.

Frosinone 13/9/'13 ore 13,9

GIORNO FATALE
ora fatale
XXV
(edizione straordinaria per alcune parole venute a trovarmi)

Ormai sono le parole
che mi vengono a trovare.

Posso anche far finta
di non averle ascoltate
ma alcune di esse
si rincorrono e si ripetono.

Cerco una spiegazione
e mi perdo in uno sguardo
mentre alle labbra arriva un caffè
con il dolcificante al sapore del latte
e alle orecchie l'ultimo successo di Neffa.

Le circostanze tutt'attorno
ripresentano l'inevitabile incipit.

Ceprano 26/9/'13 ore 11,11

GIORNO FATALE
ora fatale
XXVI
(edizione straordinaria per alcune nuvole)

Dovrei essere più attento
invece sono come sono
ed il motivo lo sanno le nuvole
che attorno si rincorrono
indifferenti del vento.

Girano senza tregua
imperturbabili e sornione,
obbedienti ad una sola legge;
refrattarie all'inconsistenza
navigano tra correnti ascensionali
indicando finalmente la giusta direzione.

Solitarie ed affannate,
elettriche e sfuggenti
non si curano del vento di ponente
zeppo di pioggia che
arranca un pochino.

Tra un'alba rarefatta
e un tramonto evanescente.

Ceprano 10/10/'13 ore 10,10

GIORNO FATALE
ora fatale
XXVII

Si è sciolto in un colpo
il quadrante dell'orologio
appeso alla parete.

Irrimediabilmente
sul pavimento di cotto antico
si sono dissolte le ore
ed anche i primi,
figuriamoci i secondi.

Da adesso in poi
rischiamo di non ricordare più nulla,
complice il vento
che asciuga le parole.

Ceprano 13/10/'13 ore 10,13

GIORNO FATALE
ora fatale
XXVIII

Passeggiando sulla cintura di Orione
osservo la mia ombra
proiettata sull'Acropoli.

Qualche sassolino nelle scarpe
rende il cammino accidentato.

Vorrei correre ma non posso,
vorrei respirare ma non posso,
vorrei vivere ma non posso.

Passeggiando sulla cintura di Orione
osservo la mia ombra
proiettata sull'Acropoli.

Vorrei terminare la passeggiata:
si è fatto giorno.

Ceprano 31/10/'13 ore 10,13

GIORNO FATALE
ora fatale
XXIX

Non correre avanti,
non rimanere indietro:
montagne e torrenti da attraversare
saranno più agevoli.

Non correre avanti,
non rimanere indietro:
il tempo è tiranno
e domani potrà essere tardi.

Non correre avanti,
non rimanere indietro:
stai al mio fianco…ora!

Ceprano 13/11/'13 ore 11,13

GIORNO FATALE
ora fatale
XXX

Scarto repentino della parola
che allittera l'attimo.

Affacciato al balcone del quarto piano
ho smarrito per sempre alcune ciglia
tra una folata di vento improvvisa
e un ricordo programmato.

Mi rifugio all'interno
e ascolto dicembre
con l'orecchio in ritardo
sul ritmo dei giorni.

Stasera urlerò al cielo
l'inconsistenza del mio respiro
e la luna,
come una falce,
taglierà in due
la bellezza di Venere
mentre perdo nuovamente
tutti i ricordi.

Frosinone 11/12/'13 ore 12,13

GIORNO FATALE
ora fatale
XXXI

Procedo con un inciampo
verso la perfezione assoluta.

Nel limbo:
dove le parole
silenziosamente si (s)compongono
e i numeri ordinatamente
si incolonnano
per l'esposizione universale
dei sentimenti in saldo.

Ceprano 12/12/'13 ore 13,12

GIORNO FATALE
ora fatale
XXXII

Forse è il datario
e non il santo del giorno
a ricordarmi di guardare
attentamente in fondo al tunnel.

Non c'è speranza:
sono destinato a cibarmi d'ortica
se voglio sopravvivere!

Ceprano 13/12/'13 ore 12,13

GIORNO FATALE
ora fatale
XXXIII

Sulla pelle il fumo del camino,
sulla strada il (pro)fumo del Chianti.

Appena a un passo dal cuore
le rotonde colline
che snelliscono il pensiero.

Cipressi "in duplice filar"
raddoppiano e a volte sdoppiano il desiderio.

Sui muri a secco delle strade
e tra i mattoni rossi delle case
adagio cautamente
il sorriso degli arrivi
e la tristezza delle partenze.

Tra le olive cadute a terra
sfuggite alla inesorabile raccolta
vado cercando un lessico dimenticato.

Amo e odio
la notte di stelle splendenti che verrà
perché so già che verso casa mia
non avranno lo stesso chiarore.

Certaldo (FI) 31/12/'13 ore 12,13

GIORNO FATALE
ora fatale
XXXIV

Sarà che ai primi giorni dell'anno
occorre un po' di allenamento ma
neanche a dirlo per scherzo che
oro, incenso e mirra non si sono visti.

Intanto un anno è svanito
nella fretta di sempre e la
frenesia di ripartire e di
elaborare il tempo come un lutto
la dice lunga ora che
indifferenza e sofferenza
camminano a braccetto
evidenziando la strada tutta in salita.

Ceprano 14/1/'14 ore 14,1

GIORNO FATALE
ora fatale
XXXV

Ma noi abbiamo mai pensato
alla manutenzione del cuore?

No, evidentemente!

Pensiamo a curare tutto
ma al cuore non pensiamo.

E ora?

Ora si va come vagabondi
a raccogliere cocci
sul bordo dei fossi
tentando di ricomporli.

Si tenta ma mancano
frammenti importanti
e tutto è vano.

Pensiamo a curare tutto
ma al cuore non pensiamo.

E ora?

Ora andrò da solo
alla stazione dei treni
ad aspettare un treno qualsiasi
per qualsiasi direzione.

E mentre aspetto osservo
quei segretissimi amanti
baciarsi lungo i binari.

Ceprano 14/2/'14 ore 2,14

GIORNO FATALE
ora fatale
XXXVI

Sfilano i secondi,
si allineano i minuti
e poi le ore,
i giorni,
i mesi,
le stagioni.

Il tempo è tiranno
ma pian piano
mi sta dando ragione.

Rincorro l'idea
che posso fermare finalmente
l'assordante ticchettio.

Ho solo alcune certezze
e le illusioni sono molte
ma l'opportunità di riuscire
in questa folle avventura
prende corpo e sembianze.

Tanto per iniziare:
stanotte ho sognato
che qualcuno ben esperto
mi suturava le ferite.

Ceprano 14/3/'14 ore 14,3

GIORNO FATALE
ora fatale
XXXVII

E' fuori da ogni logica!

Inutile insistere,
non caverò
un ragno dal buco,
tale è la cecità e
inconcludente
l'immagine che avevo
elaborato.

Ceprano 14/4/'14 ore 4,14

GIORNO FATALE
ora fatale
XXXVIII
(edizione straordinaria per un giorno di pioggia)

Elimino *"mai" e "per sempre"*
dal mio lessico.

Restano incagliate
nel tempo e nello spazio
le cose fatte e da fare.

Ritorno all'origine
della parola mai pronunciata.

Osservo le mie ferite infette
senza fare nulla:
prima o poi qualcuno lo farà per me
(questa è l'ultima speranza che mi resta).

E' alto il prezzo da pagare,
la gabella da versare
all'ignoto esattore
che dietro l'angolo se la ride.

Povero me,
povero il tempo trascorso
e a lungo trascurato,
povere e inutili lacrime versate
e subito seccate.

Ceprano 19/4/'14 ore 14,4

GIORNO FATALE
ora fatale
XXXIX
(edizione straordinaria per un'edizione straordinaria)

Stasera ho attraversato nuovamente
quell'incrocio magico.

Ma la penna non scorre!

L'inchiostro dovrebbe scivolare fluido
lungo i crinali,
invece si è seccato
in un enorme coagulo nerastro.

Povera penna senza parole!

Per fortuna le labbra
conoscono a memoria
tutto l'alfabeto dell'amore
e lo sussurrano senza tregua.

Porterai addosso ancora
qualcosa di me,
lunga notte.

Esaurite le parole
in un campo di fragole,
resta l'alba ad aspettarmi.

Ceprano 25/4/'14 ore 22,22

GIORNO FATALE
ora fatale
XL

Pronte per la semina
ho sparso le parole
lungo gli argini della strada.

Finiranno nei fossi
e l'acqua copiosa di maggio
le condurrà lontano da noi.

Ma che bellezza
vederle svolazzare
lungo il percorso.

Che bellezza
saperle felici
di ritrovarsi in noi.

Ceprano 14/5/'14 ore 14,5

GIORNO FATALE
ora fatale
XLI

Contro ogni rosea e favorevole previsione
faccio decadere rovinosamente
le rose dal rosaio.

Le conto ma non posso fare la somma:
ormai è evidente che lavoro per sottrazione.

Uno strano e capriccioso libeccio
giunto dal mare
scompiglia l'ordine costituito
dei petali nell'erba.

Ricomporre e ricostruire
diventa sempre più arduo
nonostante la voglia.

Ceprano 14/6/'14 ore 6,14
temperatura 14,6° C.
altitudine 6, 14 metri s.l.m.

GIORNO FATALE
ora fatale
XLII

E' la luce al tramonto
a sezionare i rami
del centenario 'ficus'
affacciato sul mare isolano.

Il ricordo corre spedito
alla passeggiata rapida di ieri
sulla 'Scala dei Turchi'
mentre sul tavolo
un bel 'rosso Le Ginestre'
inebria i pensieri sdruccioli.

Le pietre parlano tra loro
nell'abbeveratoio de 'La Stalla'
e mi ricordano della sabbia
e del mare di 'San Vito Lo Capo'.

Un attimo dopo sono a casa
senza attraversare 'Lo Stretto'.

Pizzolungo (TP) 14/7/'14 ore 14,7

GIORNO FATALE
ora fatale
XLIII

Troppo tardi
per essere ancora primavera,
troppo presto
per essere già autunno.

Questa estate
fugge frettolosamente a grandi passi.

I piedi bagnati
sanno bene di che parlo.

L' abbondante pioggia
ha lavato le strade
e nutrito la campagna
ma ha annacquato i pensieri.

Troppo tardi per rimediare
e metterci una pezza,
troppo presto per piangere
sul latte versato.

Il latte lo raccolgo
-anche se rappreso-
e lo do in pasto al vento.

Ma un sorso lo tengo per me:
non si sa mai!

Frosinone 14/8/'14 ore 8,14

GIORNO FATALE
ora fatale
XLIV

Per giorni abbiamo avuto la casa
disseminata di vestiario, shampoo ed altro ancora.

Oggi chiudiamo le valigie
e stipiamo ciò che avanza
dentro borsoni e scatole.

Per fortuna ci viene risparmiato
il classico dei saluti alla stazione
con noi impietriti a guardare
il treno allontanarsi.

Abbiamo ancora qualche ora per macerarci
mentre ti accompagniamo in auto.

Da quando abbiamo appeso quel cartello in cucina
non facciamo che sorriderne ogni volta lo leggiamo.

Oggi a pranzo lo abbiamo guardato come gli altri giorni
ma gli occhi erano lucidi.

Amore, non dimenticare mai che:
"Al ristorante di Mamma & Papà
non serve prenotare,
le porzioni sono abbondanti
siamo aperti 24h su 24h
e il servizio è gratuito
(i baci riconoscenti saranno enormemente graditi)"

Ceprano 14/9/'14 ore 14,9

GIORNO FATALE
ora fatale
XLV
(edizione straordinaria per una partenza programmata)

Ancora un volo implume dal nido.

Ancora un viaggio a ritroso
negli anni trascorsi assieme.

Un'amica mi ha scritto:
"Non preoccuparti, questa è la classica
sindrome del nido vuoto,
vedrai che con il tempo tutto s'aggiusta".

E chi si preoccupa!

E' solo l'inizio della fine.

Roma 30/9/'14 ore 17,17

GIORNO FATALE
ora fatale
XLVI

Pur sapendo che esiste un reale rischio di inciampare e cadere, vorrei dire di qualcosa così piccolo, così minuto che a malapena sta sulla testa di uno spillo.

E' qualcosa che abita i recessi più profondi di noi stessi ma che noi stessi stentiamo a scovare.

Questo qualcosa ogni tanto si affaccia repentinamente dal balcone degli occhi, getta uno sguardo tutt'intorno e si rifugia nuovamente dove è venuto.

Da sempre sappiamo che il destino delle piccole cose senza nome, ne patria o storia, rischierebbe di essere sopraffatto dal clamore degli anni se non ci fosse un lievissimo barlume di ricordo che ne alimenta il flebile respiro.

Da sempre sappiamo che la loro esistenza è legata a tanti logori e laceri frammenti impercettibili che tenacemente resistono e combattono per non cedere e rompersi definitivamente.

Sappiamo tutto questo perciò, testardi e caparbi, ne rincorriamo assetati l'essenza, consci di avere risorse sufficienti per conquistarne l'ultimo anelito.

Pur sapendo che esisteva un reale rischio di inciampare e cadere, ci siamo ritrovati aggrappati ai tendaggi, appoggiandoci e tenendoci con le unghie e con i denti, ma siamo caduti ugualmente e abbiamo provato cosa è il dolore.

Ma ne abbiamo riso, a crepapelle e in silenzio.

Pur sapendo tutto ciò vorrei dire di qualcosa così piccolo, così minuto che a malapena sta sulla testa di uno spillo. Vorrei dire di qualcosa ma, ahimé, adesso non trovo le parole. Spero di trovare, però, chi me le insegni…

Ceprano 14/10/'14 ore 10,14

GIORNO FATALE
ora fatale
XLVII

Tardi ti amai,
bellezza così antica
e così nuova,
tardi ti amai.
Sì, perché tu eri
dentro di me
e io fuori.
Lì ti cercavo.

(ascoltando "Sant'Agostino "
di Juri Camisasca.
Testo tratto da "Le confessioni")

Ho composto e disposto,
allineato e ordinato,
selezionato e, infine, conteggiato.

Ho detto e disfatto,
parlato e azzittito,
rincorso e, infine, raggiunto.

Ho pensato e pensato,
pensato e pensato,
pensato e, infine, a te pensato.

Ceprano 14/11/'14 ore 14,11

GIORNO FATALE
ora fatale
XLVIII

E' troppo presto
per affermare che è troppo tardi?

Credo di no!

Troppo tardi per i tempi supplementari.

Troppo tardi per correre e recuperare,
troppo tardi perfino se dilatiamo lo spazio.

Troppo tardi per noi unici sopravvissuti,
troppo tardi persino se restringiamo l'attesa.

Troppo tardi avanzare un qualunque impedimento,
troppo tardi persino per un compleanno dimenticato.

E' troppo presto
per dire che è troppo tardi?

Adesso credo davvero di no
e comunque, presto o tardi che sia
la valigia è pronta per il nuovo viaggio.

Ceprano 14/12/'14 ore 12,14

GIORNO FATALE
ora fatale
XLIX

Senzapiùspazinérespirinésussultidelcuorecheimpavidocoprivaleventiquattr'oresenzariposoolamentis
enzabattitidicigliasupplementarialleintermittenzedellesconosciutestagionisenzasorriderepiùperlanon
curanzadellosguardoperennementeabbassatosenzapronunciarepiùquelnoménéquellaparolasconosciut
aperlunghiannisenzarimpiangerenullasenzarincorrerepiùsenzaaspettarepiùcheivuotisiriempianooorao
gnispaziorispondesoloallaragionedelleorespesenelricordodeigiornifelicesenzapiùspaziperchétantoor
maisilavorapersottrazioneenonpiùperaccumulodisentimentisenzapiùangolispigolosichepossonoferire
ormaiproteggiamolapellemasoprattuttoilcuorechenonmeritatantosenzaoltraggiareisaltimortalicheabb
iamomagnificatonésminuireirischicalcolatisempreedevitatimaisenzacorreggereleinterferenzedelcuor
enégliinciampidiquelritmodagalopponelleserreneisilenzidellecorsiediospedalidiprovinciasenzacurar
sicheogniorapotevaesserefataleperdavveroagliingranaggidell'interosistemametricodecimalecheregol
agliequilibriumoralisenzaulterioricomplicazionichepotrebberocomprometterloscambiod'intentielac
ontinuamistificazionechecertamentenederiveràsenzaosareoltremodotantaèl'incomunicabilitàcheorm
aisièimpadronitadellavicendaeilpantanohainghiottitoognivelleitàel'avanzatadell'esercitodellasalvezz
asenzavergognasenzaaccidiasenzairasenzaodiosenzasperanzasenzapiùnientedinienteepersinosenzaco
mpassionesenzapiùspazidaquiinpoiinizianoiricordimairicordiquellibelligliialtrilitengoseparatidalresto
dellamercanziasenzafremitiperilcuorechehasmessodiaverebattitiinconsultisconnessiefuoridaogniclas
sificazionediespertichesannobeneanzibenissimocometrattarelafaccendainutileognitentativoperriporta
reilritmonelgiustoalveosenzasconvolgerel'interosistemabinariochesovrintendeogniconversazioneattr
aversolagratadelparlatoiosenzavolereatuttiicosticapirequandotuttisappiamochenonc'énientedacapire
senzanasconderelesensazionicheognivoltascaturisconodallerisultanzedellospostamentodell'asseterre
stresenzabussareochiederepermessosenzaaspettarepiùnemmenol'aperturadellaportasantadelprossimo
giubileoextraordinariosenzapiùvirgolepuntievirgoleduepuntiapriparentesichiudiparentesisenzapuntid
isospensionemasospensionedacosasenonabbiamomaisospesotrannequandoabbiamotroncatodefinitiv
amenteognirelazionediplomaticasenzasaperecheglistatimembriavevanogiàstipulatounpattodinonbelli
geranzasenzavolerfarenecessariamentedelmaleodelbeneoaverelapretesadipossedereintascalaveritàas
solutasobenecosahaprovatoMosènelseparareleacquemachihaindirizzatolasettimapiagad'Egittoavreb
bemaiimmaginatolefunesteconseguenzedellamannacadutadalcielopiùtardi?senzapretenderetroppodal
tempotrascorsoedalleparoleche piano piano hanno ripreso ad insinuarsi tra noi ora vedo che posso

riappropriarmi dei miei spazi e la vita ricomincia lentamente

a scorrere e a manifestarsi come un tempo non

molto lontano. I colori riprendono tono,

la musica cessa di essere frastuono

e si riempie nuovamente di

pause. Finalmente le amate

pause! Finalmente tornano

le sospensioni,

le sospensioni,

tornano le

sospen-

sio-

ni.

Ceprano 15/1/15 ore 15,1

GIORNO FATALE
ora fatale
L

Dopo che ho assistito inerme a come si è dissolto ieri
potrei dirti del vento che scorteccia le parole,
di come la risacca assottiglia le conchiglie,
e quanto provvisoria sia un'orma sulla sabbia.

Potrei dirti di frasi rimaste in bilico sulle labbra,
di sguardi intrappolati negli occhi lucidi,
di carezze in pugni chiusi.

Dopo tutto questo e altro che ormai non ricordo
potrei dirti della pioggia che batte sui vetri
e delle foglie che abbandonano i rami,
ma dal passato sono riemerse
due parole che avevo cancellato:
"mai" e "per sempre".

Ceprano 15/2/'15 ore 2,15

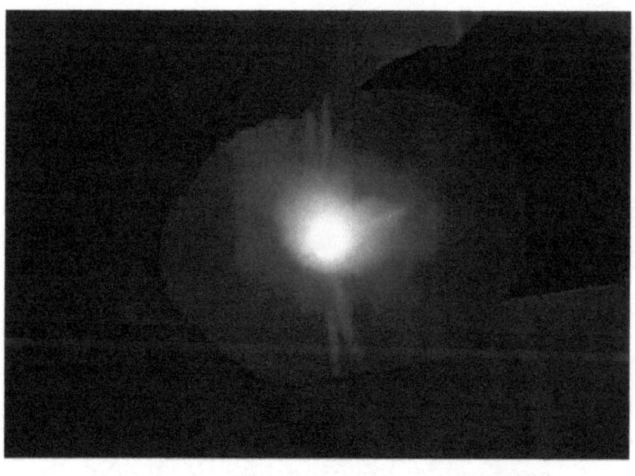

Il volume è stato realizzato a cura:

Impaginazione e copertina: Mauro Lottici

youcanprint

Finito di stampare nel mese di Gennaio 2016
per conto di Youcanprint *Self - Publishing*